www.ingramcontent.com/pod-product-compliance
Lightning Source LLC
Chambersburg PA
CBHW081733220526
45468CB00008B/2081
* 9 7 8 1 7 9 3 0 2 0 0 7 9 *